CAPITAL ASSET PRICING MODEL

Modelo de preços de capital

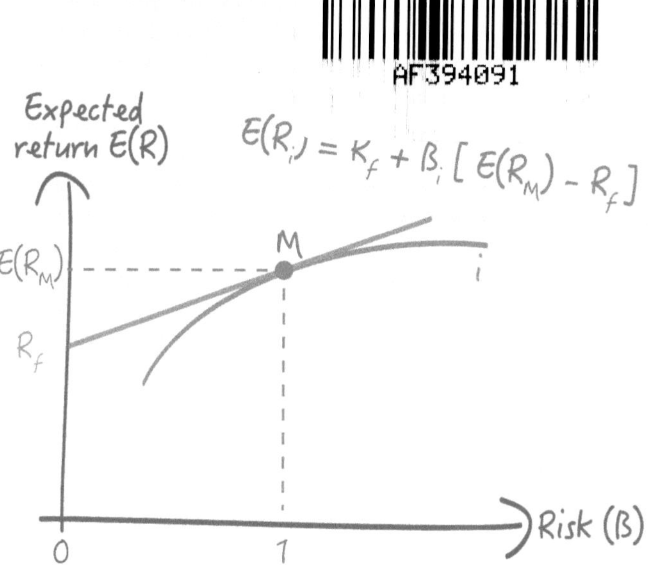

CAPITAL ASSET PRICING MODEL

Modelo de preços de capital

escrito por Ariane de Saeger
traduzido por Alva Silva

50MINUTES.com

CAPITAL ASSET PRICING MODEL

INFORMAÇÃO CHAVE

- **Nomes:** Modelo de fixação de preços de bens de capital, CAPM.

- **Utilizações:** O CAPM é um método matemático para estimar a rentabilidade de qualquer ativo financeiro. A previsão do retorno é calculada de acordo com o risco que o ativo acarreta.

- **Por que é bem-sucedido?** O CAPM é um dos métodos mais populares de avaliação de risco de ativos financeiros. No entanto, a sua eficácia tem sido criticada por economistas como Richard Roll (economista americano, nascido em 1939).

- **Palavras-chave:**

  - <u>Mercado de capitais</u>: Um ponto de encontro entre a oferta e a procura de capital. A oferta corresponde à poupança (o excedente de capital disponível) colocada à disposição daqueles que desejam contrair empréstimos. Aqueles que contraem empréstimos constituem a procura (a necessidade de financiamento). O equilíbrio neste mercado é crucial.

  - <u>Bem financeiro</u>: Um bem é um título ou um contrato que dá ao seu detentor a oportunidade de obter um ganho em troca de um determinado risco. Por exemplo: Eu compro ações (um ativo financeiro), na esperança que com o tempo o seu valor aumente e eu possa vendê-las para obter lucro. No entanto, se o valor das ações diminuir, farei uma perda na minha compra.

- Taxa de juro: A taxa de juro representa o custo do dinheiro. Permite-me, portanto, calcular os custos envolvidos na contração ou no investimento do dinheiro. A taxa de juro pode também ser definida como a remuneração obtida no caso de investimentos.

- Portfólio: Todos os títulos transferíveis (em particular ações e obrigações) detidos por uma pessoa, uma empresa, um banco, etc.

- Devoluções: A rentabilidade de um montante investido. Se eu investir o meu dinheiro com uma taxa de juros de 7% e um amigo investir o mesmo montante com uma taxa de juros de 4%, posso dizer que o meu retorno do capital investido é melhor do que o dele.

- Bolsa de Valores: Uma instituição pública ou privada que permite trocas de ativos e transações de títulos (tais como ações). Por outras palavras, é um mercado de financiamento e investimento onde o preço é fixado de acordo com a oferta e a procura.

INTRODUÇÃO

Na década de 1950, os mercados financeiros desenvolveram-se e tornaram-se o intermediário ideal para equilibrar as capacidades e as necessidades de financiamento de vários agentes económicos. O seu objetivo era assegurar o financiamento da economia através de uma série de meios (poupanças, compras de títulos, compras de ativos, etc.). Duas variáveis intimamente relacionadas estão envolvidas no investimento de um ativo financeiro: rendimento e risco.

A fim de melhor definir estas duas variáveis, foram realizados estudos por vários economistas:

- Frank Knight (economista americano, 1885-1972) definiu os conceitos de 'incerteza' e 'risco' em 1921.

- O trabalho de Harry Markowitz (economista americano, nascido em 1927) marcou o início da moderna teoria da diversificação em 1950, conhecida como a moderna teoria da carteira desde 1952. Esta teoria apresenta uma reflexão financeira sobre a utilização da diversificação para otimizar uma carteira. Esta é a versão mais parecida com o atual CAPM.

- Finalmente, nos anos 60 e princípio dos anos 70, os economistas americanos William Sharpe (nascido em 1934), John Lintner (1916-1983) e Fischer Black (1938-1995), e o economista norueguês Jan Mossin (1936-1987), desenvolveram modelos financeiros anteriores, dando origem ao CAPM.

👁 Definição do modelo

O CAPM é utilizado tanto nos mercados financeiros como para resolver problemas financeiros nas empresas. O modelo de cálculo é baseado na medição do risco sistemático, da rentabilidade esperada e das taxas de juro. Por outras palavras, o CAPM permite estimar o retorno de um ativo, em relação ao seu risco.

TEORIA

Esta secção fornece informações sobre o método de avaliação dos ativos financeiros de um ponto de vista puramente teórico, a fim de permitir que todas as nuances do CAPM sejam apreendidas.

CONTEXTO

Este modelo foi desenvolvido numa altura em que todos os mercados financeiros estavam a melhorar e a normalizar-se. Foi criado porque os investidores queriam estar mais conscientes dos riscos de um investimento financeiro.

Contribuição de Markowitz

O CAPM alarga a moderna teoria da carteira de Markowitz, tanto nas suas suposições como nas suas conclusões. Markowitz salientou os benefícios da diversificação de carteiras para os investidores que desejam obter a melhor relação risco-retorno.

Markowitz inclui cinco hipóteses no seu modelo:

1. Os mercados financeiros são eficientes, o que significa que o preço e os retornos dos ativos financeiros apresentam sempre com exatidão toda a informação disponível sobre estes ativos;

2. os investidores são avessos ao risco e, portanto, não assumem riscos adicionais sem a garantia de qualquer retorno adicional;

3. os mercados estão equilibrados;

4. não há oportunidade de arbitragem em mercados equilibrados, uma vez que a oferta de ativos corresponderia perfeitamente à procura desses ativos e o preço seria então naturalmente equilibrado;

5. e finalmente, o investidor faz escolhas racionais.

 ## DEFINIÇÕES

- Oportunidade de arbitragem: A possibilidade para um investidor de alterar a sua carteira de ativos de acordo com as suas previsões. Especificamente, é uma operação (compra ou venda) que é invertida para dois mercados diferentes, dois produtos ou dois prazos. A oportunidade envolve o aproveitamento de anomalias de negociação.

- Correlação de ativos: A relação entre dois ativos financeiros que vão na mesma direção (correlação positiva) ou na direção oposta (correlação negativa).

As contribuições de Markowitz têm duas vertentes. Por um lado, ele levanta o facto de que as vantagens da diversificação das carteiras de ativos não se baseiam na falta de correlação entre retornos, mas sim na sua correlação imperfeita ou parcial. Por outro lado, demonstra que a redução do risco ligado à diversificação é limitada pelo grau de correlação entre os ativos. Consequentemente, Markowitz demonstra que a diversificação reduz o risco sem afetar a rentabilidade.

O modelo de fixação de preços de bens de capital, entretanto, alarga o âmbito porque considera todos os agentes económicos.

O PRINCIPAL OBJETIVO DO CAPM

Como já foi dito anteriormente, o objetivo do CAPM é dar ao investidor o máximo de informação possível sobre os riscos e a potencial rentabilidade do ativo financeiro em que pretende investir. O investidor experiente opta ou por uma carteira de risco eficiente, ou por um equilíbrio entre ativos de risco e ativos não de risco. O CAPM permite estabelecer o preço de equilíbrio dos ativos.

PRESSUPOSTOS DO MODELO

 **DEFINIÇÕES**

- <u>Desvio padrão</u>: A medida de dispersão mais frequentemente utilizada para delinear uma tendência central. Por conseguinte, mede a variabilidade em relação à média.

- <u>Expectativa</u>: Representação do ganho ou perda média que uma pessoa é suscetível de receber como parte de uma experiência aleatória.

- Todos os investidores são considerados como "investidores" segundo a definição de Markowitz: consideram cada ativo apenas em termos de risco/lucro. O mercado é sem "fricção", o que significa que não existem custos de transação, sem comissão, etc.

- As mais-valias e os dividendos não são tributados.

- O mercado é equilibrado, e um investidor pode comprar ou vender qualquer ativo desde que não tenha impacto no preço da ação; a informação é transparente.

- Os investidores não gostam de investimentos sem risco. É por isso que escolhem um nível de risco mais alto ou mais baixo, dependendo da compensação que poderiam obter com ele (prémio de risco).

- Os investidores têm o mesmo horizonte temporal, o que permite que as análises sejam de certa forma normalizadas.

- Os investidores antecipam o desempenho futuro dos títulos da mesma forma.

- Os investimentos são infinitamente divisíveis: é possível comprar ou vender frações de ações ou carteiras.

- Os investidores controlam o risco através da diversificação.

- Os investidores podem emprestar ou pedir emprestado qualquer soma de dinheiro a uma taxa sem risco.

- A rentabilidade de um ativo é estimada utilizando o ganho esperado num determinado horizonte, e o seu risco é estimado utilizando o desvio padrão das suas variações passadas. Por exemplo, uma ação relativamente arriscada mostrará preços flutuantes e, portanto, um desvio padrão mais elevado.

Assumir que existe homogeneidade nas expectativas, desvios e variações padrão, bem como as correlações entre os diferentes ativos financeiros.

Além disso, cada carteira é composta pelo mesmo tipo de bens. Apenas a proporção – a percentagem de risco (baixo ou alto) – de ativos de risco e não de risco é diferente.

COMPONENTES DO MODELO

O CAPM baseia-se no facto de os diferentes ativos e carteiras de ativos serem analisados em termos da sua relação risco-retorno, e o desafio enfrentado por cada investidor é o de visar uma carteira com a máxima utilidade. Existem três componentes essenciais para constituir uma carteira eficiente:

- a linha do mercado de capitais, que deteta as diferentes combinações risco-retorno;

- o prémio de mercado, que define o custo do risco;

- o coeficiente beta, que mede o risco de um ativo em relação ao risco de mercado.

A linha do mercado de capitais (CML)

A linha do mercado de capitais mostra as combinações risco-retorno dos ativos financeiros. R_f é o nível de rentabilidade de um ativo sem risco (por exemplo, obrigações do Estado), enquanto M se refere à combinação global observada no mercado, também chamada carteira de mercado. A escolha da combinação dependerá do perfil do investidor e da sua aversão ao risco.

O prémio de mercado e o CAPM

O investidor precisa de um prémio de mercado que cubra o risco assumido. Quanto maior for o risco, maior será o prémio e mais inclinada será a inclinação do CLM.

O indicador de risco beta

O CAPM não mede o nível de risco, mas sim o risco relativo do ativo ou carteira em relação ao mercado, denominado ß (beta). Por outras palavras, beta é a relação entre as alterações no preço de um ativo financeiro (isto é conhecido como 'volatilidade') e as alterações nos preços no mercado em geral. Esta é a sensibilidade ou elasticidade do preço de um ativo, em relação ao índice de ações que representa o mercado. Quanto mais próximo o valor do beta for de 1, menos volátil o ativo é considerado como tal.

O prémio de risco para um ativo financeiro é, portanto, igual ao seu coeficiente beta multiplicado pelo risco de mercado global.

O CAPM é igual ao prémio de risco de um ativo *i* ou de uma carteira e o prémio de risco de mercado multiplicado pelo valor beta do ativo em consideração.

O rendimento esperado para o ativo *i* ($E(R_i)$) pode ser calculado desde que a taxa sem risco, o beta do ativo e o prémio de mercado sejam conhecidos. Em contrapartida, se o retorno for conhecido, o risco também pode ser calculado.

VANTAGENS

 ### SABIA QUE...

A taxa de desconto é a taxa que permite transformar um valor futuro num valor atual, tendo em conta que quanto mais longa for a duração entre o presente e o futuro, mais o valor atual diminuirá.

O CAPM oferece várias vantagens:

- permite calcular os diferentes retornos para os bens em questão;

- facilita a tomada de decisões económicas e financeiras através do cálculo do risco;

- o modelo é mais simples de utilizar do que a teoria dos preços de arbitragem, embora seja menos preciso do ponto de vista econométrico;

- existem duas aplicações úteis para o modelo:

o medir o desempenho dos gestores de fundos;

o calcular a taxa de desconto apropriada para avaliar os rendimentos futuros de uma empresa.

CONCLUSÃO

É, portanto, compreensível que, em geral, um investidor racional opte por uma carteira diversificada de ativos financeiros (ativos de risco e não de risco) a fim de assegurar a máxima eficiência e o risco limitado.

Embora seja difícil avaliar a sua eficácia, o CAPM continua a ser um instrumento de medição do desempenho que permite aos utilizadores comparar o trabalho de gestão e as realidades do mercado, e também indica a taxa de desconto apropriada para calcular as receitas futuras de uma empresa.

LIMITAÇÕES E EXTENSÕES

LIMITAÇÕES E CRÍTICAS

As limitações do CAPM são numerosas e as críticas estão na sua maioria relacionadas com os pressupostos anteriores.

- **A instabilidade do beta.** Como lembrete, o beta é o risco relativo de um ativo ou carteira em comparação com o resto do mercado. Esta instabilidade deriva do facto de que o risco de um ativo é variável e, portanto, sujeito a alterações a qualquer momento. Por exemplo, imagine que eu compro um ativo financeiro no momento t e calculo o risco x que estou a assumir com este investimento. Neste momento, não há garantia de que no momento $t + 1$, o risco x desse ativo não terá mudado devido a fatores externos (tais como uma crise). Para ultrapassar esta falha, o gestor considera geralmente todos os betas, a fim de reduzir parcialmente o risco individual.

- **O limite da diversificação da carteira.** É impossível diversificar completamente uma carteira: os investidores devem comprar uma série de ativos financeiros diversificados antes de procurarem uma correlação parcial (no caso de a diversificação reduzir o risco). Além disso, uma carteira com uma correlação reduzida pode acabar por se correlacionar devido à mudança do contexto económico, social e político.

- **A dificuldade de aplicação prática num** contexto de previsão.

- **Os pressupostos irrealistas.** É quase impossível ter uma ideia precisa das taxas sem risco em que investir; não existe uma tributação uniforme entre os ativos financeiros, enquanto que os custos de transação são muito reais, etc.

- **A dependência dos estudos do CAPM das escolhas de carteira de mercado.** Esta dependência foi elaborada pelo economista Richard Roll.

PONTOS FRACOS E CRÍTICAS

Numa escala mais vasta, os críticos desafiam a eficácia relativa do CAPM.

Como tal, Roll questiona se é possível testar a eficácia do modelo: segundo ele, para o verificar, precisaríamos de ser capazes de medir a eficiência da carteira de mercado, o que ele considera impossível. Argumenta que, uma vez que a carteira inclui não só todas as ações, mas também obrigações, bens imóveis e metais preciosos, entre outras coisas, não pode ser medida com precisão e integrada eficazmente no CAPM.

MODELOS E EXTENSÕES RELACIONADAS

Enquanto o CAPM se baseia unicamente na avaliação do beta, um instrumento para medir o risco variável, outros modelos oferecem métodos alternativos que também permitem determinar o risco financeiro.

Teoria da Arbitragem de Preços (APT)

Dada a volatilidade dos betas observada no CAPM, em 1976 Stephen Alan Ross (economista americano, nascido em 1944) apresentou um modelo alternativo baseado na teoria da arbitragem.

De acordo com ele, existem vários fatores económicos que influenciam a rentabilidade:

* por um lado, fatores gerais que afetam simultaneamente a rentabilidade de vários ativos;

* por outro lado, fatores específicos de um ativo que apenas influenciam a rentabilidade desse ativo.

A teoria da arbitragem alega ainda que os fatores específicos dos diferentes ativos são independentes dos fatores gerais e são também independentes uns dos outros.

O princípio da arbitragem ocorre quando dois ativos, com a mesma sensibilidade a fatores diferentes, não têm o mesmo retorno esperado. Se não houver oportunidade de arbitragem, o que significa que têm o mesmo retorno esperado, o risco de mercado do ativo deve ser calculado utilizando os betas relacionados com os fatores de mercado não específicos que afetam todos os investimentos.

O APT é aplicado de forma mais geral do que o CAPM. No entanto, a sua principal fraqueza reside na origem e na escolha dos fatores que influenciam os ativos.

Modelo multi-fator

O modelo multifator tenta superar a insuficiência do APT, nomeadamente a identificação de fatores económicos específicos que podem influenciar o risco. Uma vez que o risco de mercado afeta a maioria (se não todos) os investimentos, ele provém de fatores macroeconómicos. O modelo define assim o risco de mercado como o risco de exposição de qualquer ativo a fatores macroeconómicos. Para este modelo, a base de cálculo do risco é a beta do ativo, em relação aos fatores macroeconómicos.

Modelo Fama-French com três fatores ou modelo representativo variável

 **DEFINIÇÕES**

- <u>Capitalização de mercado (MC)</u>: Rácio de avaliação que permite medir a dimensão de uma empresa, bem como outros critérios tais como o número de empregados ou o volume de negócios. O MC grande – que representa vários milhares de milhões de libras – distingue-se do MC mais pequeno.

- <u>Relação entre o mercado e o livro</u>: Ferramenta utilizada para determinar se o ativo está sub ou sobrevalorizado. Se o rácio for superior a 1, o ativo é subvalorizado. Por outro lado, se for inferior a 1, é sobrevalorizado. Este rácio foi determinado pelos economistas americanos Eugene Francis Fama (nascido em 1939, vencedor do Prémio Nobel da

Economia em 2013) e Kenneth Ronald French (nascido em 1954) como um indicador direto das perspetivas de uma empresa.

Este modelo foi desenvolvido no início dos anos 90 pelos economistas americanos Eugene Francis Fama e Kenneth Ronald French e inspira-se no modelo multifatorial, que afirma que o retorno é influenciado por mais do que um fator. O modelo Fama-French destaca a existência de dois fatores que influenciam o retorno:

- **A dimensão da empresa.** Fama e French medem a dimensão de uma empresa utilizando a capitalização de mercado (MC). Observam em particular que os ativos das pequenas empresas MC, consideradas de maior risco e com um custo de capital mais elevado, têm um rendimento médio elevado em comparação com as grandes empresas MC. Como resultado, os títulos das pequenas empresas MC têm um rendimento excedentário em comparação com os ativos sem risco, que é mais elevado do que o previsto pelo CAPM.

- Tal como a capitalização bolsista, **as ações com um rácio contabilístico mais elevado**, relativamente subestimado pelo mercado, são mais arriscadas e têm um custo de capital mais elevado. No entanto, são frequentemente estas ações que têm os rendimentos mais elevados.

Comparando o MC e o rácio livro-mercado, Fama e French descobrem que o rácio livro-mercado é estatisticamente mais relevante do que o MC e é um fator importante que tem uma forte influência sobre os ativos. Além disso, a longo prazo, notaram que a relação entre o rácio livro-mercado e o retorno é muito mais forte e estável do que a relação entre a MT e o retorno.

Em conclusão, são feitos investimentos rentáveis em empresas com baixa capitalização de mercado e um elevado valor contabilístico, o que não poderia ser considerado no modelo CAPM.

APLICAÇÃO PRÁTICA

Esta secção fornece informações sobre os passos a seguir e as perguntas a fazer aquando da implementação do CAPM. Também fornece recomendações úteis a fim de evitar erros.

ACONSELHAMENTO E MELHORES PRÁTICAS

Definindo o risco de um investimento

O primeiro passo consiste em definir o risco de um investimento. Este risco pode ser medido utilizando a variância da rentabilidade real, em relação ao rendimento previsto. O nível de risco do ativo pode então ser observado: sem risco, baixo risco ou alto risco.

Distinguir entre riscos pagos e não pagos

Uma vez determinado o nível de risco, é necessário diferenciar entre riscos pagos e não pagos. Cada ativo em particular tem dois tipos de risco: o risco específico de um investimento, denominado "risco empresarial" ou "risco inerente", e o risco geral de todos os investimentos, denominado "risco de mercado".

- **O risco específico** pode ser controlado numa carteira diversificada se o investimento de risco específico for apenas uma pequena parte da carteira e puder, por exemplo, ser contrabalançado por um ativo específico menos arriscado. Falamos então de "risco médio", que se refere aos diferentes investimentos de risco específico de uma única carteira.

- **O risco de mercado,** que afeta todos os investimentos, não pode ser controlado porque geralmente cobre todos os ativos financeiros no mercado. Existem dois fatores subjacentes a este risco: a evolução geral no mundo económico – da tributação à política de preços – e o modo como os investidores se sentem sobre estes potenciais desenvolvimentos.

O investidor experiente, tendo geralmente assegurado que tem uma carteira diversificada, não será compensado pelos riscos relacionados com as mudanças do mercado.

Medição do risco de mercado

Para calcular este risco, o investidor pode utilizar diferentes métodos, incluindo o CAPM, o APT, o modelo multi-fator e o modelo Fama- French acima delineado. Dependendo das hipóteses assumidas, o risco de mercado é percebido e calculado de forma diferente.

O CAPM baseia-se no facto de que os ativos e carteiras individuais são julgados de acordo com o rácio risco-retorno e que o objetivo de cada investidor é procurar a carteira mais eficiente. Isto pode ser conseguido em três etapas.

1. O investidor deve determinar a "fronteira eficiente", ou seja, a recolha de carteiras que minimizem o risco

para um determinado rendimento médio. Esta coleção de carteiras é chamada o conjunto eficiente, e é representada pela área dentro da forma do guarda-chuva. Abaixo, vemos que o ponto x não é racional, pois para o mesmo nível de risco, existe uma combinação de rendimento mais elevado, e.

A soma dos montantes investidos deve ser igual a 1. Quanto mais fraco for o coeficiente de correlação, mais o risco é reduzido: a curva de indiferença desloca-se então para a esquerda.

A curva de indiferença é o conjunto de combinações de dois bens ou dois fatores que proporcionam ao consumidor ou investidor o mesmo nível de satisfação. O eixo Y, $E(R)$, corresponde ao rendimento esperado, enquanto que o eixo X corresponde ao nível de risco. Como cada curva dá ao investidor a mesma satisfação, para uma combinação risco-retorno diferente e qualquer que seja a curva de indiferença específica, ele escolherá a carteira com o maior retorno para um dado risco.

2. Dependendo da sua atitude perante o risco (curva de indiferença), o investidor escolhe a "sua" carteira ótima. Isto corresponde ao ponto de tangência entre a curva de indiferença e a fronteira eficiente. Se considerar um ativo sem risco, o investidor poderá investir parte dos seus ativos numa das carteiras mais arriscadas na fronteira eficiente dos ativos de risco, e outra parte num ativo sem risco.

3. Para medir este risco matematicamente, o investidor deve utilizar a fórmula estabelecida na definição teórica do conceito:

4. Além disso, é do conhecimento geral que as avaliações dos ativos financeiros são, hoje em dia, efetuadas por computadores.

RECOMENDAÇÕES

Pressupostos e variantes necessárias do modelo

Ao aplicar o CAPM, é importante estar ciente de que o modelo nem sempre é realista: dada a situação atual, os pressupostos feitos pelo modelo raramente são válidos. O cálculo da relação risco-retorno deve, portanto, ser alargado a hipóteses e variantes mais amplas. Abaixo estão alguns exemplos das contradições observadas:

- O modelo considera apenas os títulos negociados em bolsa na carteira do mercado. Uma carteira de mercado deve ser definida por todas as oportunidades de investimento existentes na economia, e por isso é muito mais ampla.

- O CAPM faz suposições que são difíceis de aplicar no contexto atual. O modelo teórico deve, portanto, ser alargado à realidade do nosso ambiente, o que o torna frequentemente menos relevante e mais complexo.

- Zero beta ou sem risco. É geralmente impossível pedir emprestado a uma taxa sem risco. Não se pode realmente presumir que existe um ativo sem risco.

O CAPM deve ser adaptado para se adaptar a esta realidade.

- O CAPM também assume que não existem impostos, não existem custos de transação, etc. Esta suposição deve ser reconsiderada, uma vez que os investidores estão sujeitos a impostos (incluindo dividendos e mais-valias na venda) e custos de transação. Se todos estes custos adicionais forem tidos em conta, os investidores tenderão a limitar a dimensão das suas carteiras através da compra de menos ações.

Existem muitas extensões dos pressupostos e variantes do modelo. Em particular, no capítulo 3 do seu livro "Quantitative Financial Economics": Stocks, Bonds and Foreign Exchange, Keith Cuthbertson apresenta e desenvolve as nuances do CAPM e as suas aplicações matemáticas.

Finalmente, recomenda-se que o investidor ou empresa investidora considere o fator "diversificação", um parâmetro essencial na medição do risco, a fim de reduzir o risco. Além disso, deve ter-se cuidado, uma vez que não existe tal coisa como um retorno sem risco! Geralmente, a diversificação da carteira é uma das melhores formas de proteger os investidores e limitar o risco.

Existências

O aumento do número de ativos na carteira está associado a uma diminuição do risco, embora não se trate de um desenvolvimento linear. Os efeitos da diversificação são significativos no início, mas depois de um

certo ponto diminuem enquanto os custos relacionados com o número de ações (transações, custos fixos,
etc.) aumentam. Além disso, a diversificação máxima
reduz a variabilidade dos rendimentos das ações. Por
exemplo, se a variabilidade for reduzida em 70%, os res-
tantes 30% constituem o risco "sistemático" porque é
impossível eliminar completamente o risco através da
diversificação (ver risco de mercado).

 GESTÃO ATIVA E PASSIVA

- A gestão ativa oferece geralmente um risco mais
  elevado do que o risco do mercado para um retorno
  esperado mais elevado.

- A gestão passiva garante um risco equivalente ao
  risco de mercado para um retorno esperado ligei-
  ramente inferior.

A diversificação pode ser feita a diferentes níveis:

- em diferentes zonas (Europa, EUA, Japão, países
  emergentes, etc.)

- ao nível dos sectores de atividade

- de acordo com a dimensão da empresa

- por estilo de gestão (ativo, passivo, etc.)

Para além das ações, podemos tomar outros exemplos
como obrigações, dinheiro e ouro, sem ter em conta
outros ativos, tais como fundos de investimento, obras
de arte, etc.

- **As obrigações** geralmente oferecem rendimentos mais baixos do que as ações, mas o risco é limitado.

- **Dinheiro ou poupanças** oferecem maioritariamente rendimentos inferiores às ações – com exceções como as ações da Fortis, que perderam cerca de 95% do seu valor em 2008 –, mas com a mesma ordem de grandeza que as obrigações.

- **O ouro** é caracterizado por um risco elevado para um rendimento médio inferior ao de outros ativos.

ESTUDO DE CASO

Contexto

No contexto da gestão do património, um gestor define o objctivo do cliente de modo a melhor o satisfazer. O perito analisa toda a situação do investidor – família, trabalho, tomada e propriedade. Esta análise permite-lhes especificar necessidades mais específicas.

👁 GESTÃO DA RIQUEZA – PORQUÊ?

A gestão da riqueza é um processo através do qual a propriedade privada (bens móveis, bens imóveis, dinheiro, etc.) é avaliada a fim de otimizar a sua utilização. Se uma pessoa for proprietária de muitas propriedades, estará sujeita a impostos relativamente elevados. A gestão da riqueza tende a minimizar os custos, otimizando a utilização destes bens.

Qual é a carteira mais eficiente para este investidor-cliente de acordo com o modelo CAPM?

O problema reside na avaliação e determinação de uma carteira eficiente, dependendo do tipo de investidor com o qual o gestor de fortunas está a lidar.

 ## TIPOS DE INVESTIDORES

Os bancos e as instituições financeiras distinguem geralmente entre quatro tipos de investidores:

- o investidor arriscado, confiante no futuro e em busca de desempenho;

- o investidor prospetivo, tanto confiante no futuro como relutante em correr riscos;

- o gastador (consumidor);

- o investidor que é pessimista em relação ao futuro e relutante em assumir riscos.

Em primeiro lugar, o gestor deve determinar vários parâmetros de mercado:

- **A escolha da carteira de mercado de referência.** Existem vários índices de ações que reúnem um conjunto representativo de ativos nos mercados. Estes incluem o CAC 40, que apresenta as 40 maiores capitalizações de mercado em França, e o S&P 500 na América.

- **A escolha de um bem sem risco.** Podemos considerar as obrigações do Estado ou os produtos de seguros de vida como bens com um risco limitado. Embora o risco seja limitado – e, portanto, nunca completamente zero – o retorno é incerto e volátil.

- **A escolha da carteira dos clientes.** O CAPM pressupõe que todos os ativos financeiros no mercado são corretamente avaliados: cada um deles tem um risco particular e um rendimento esperado. O gestor escolhe com o investidor, que está consciente da relação inevitável entre o retorno dos ativos e os riscos, a carteira que mais se aproxima das expectativas do cliente. A escolha do conteúdo da carteira para o cliente estará, portanto, diretamente relacionada com a sua exposição à carteira de mercado. Este coeficiente de exposição (beta) pode ser facilmente obtido através de informações financceiras transmitidas pelo índice de ações. Uma vez determinado o beta, é útil estabelecer uma estratégia para satisfazer os requisitos do investidor.

- **Variantes do modelo: beta, volatilidade e desempenho da carteira.** O cálculo dos parâmetros do CAPM pode ser feito de diferentes maneiras:

  - Utilizando dados históricos anteriores baseados em efeitos episódicos. Contudo, isto requer cautela: como as alterações nos dados históricos estão geralmente ligadas a períodos específicos (por exemplo, períodos de crise), não proporcionam uma objetividade completa.

- Através de dados financeiros que já estão disponíveis e em uso em várias plataformas. Mais uma vez, é importante ter cuidado, uma vez que algumas análises podem ser sobre o subjetivo e enviesado.

- Finalmente, através de relatórios empresariais e previsões económicas.

Em geral, o gestor procura a informação mais completa – e, portanto, mais fiável – a fim de evitar acrescentar mais riscos à carteira do investidor. Uma vez especificadas as variantes do modelo, o CAPM determina a melhor distribuição possível dos recursos financeiros do investidor, respeitando simultaneamente os seus desejos em termos de rendimentos, risco e tipos de ativos.

Simulação de carteiras

Imagine uma carteira relativamente diversificada com ativos em diferentes sectores, emitidos por empresas de importância variável, que investem em diferentes mercados geográficos.

Esta carteira compreende 15 obrigações do governo alemão, 20 ações da Belfius, 8 ações de uma cooperativa agrícola cambojana e 10 outras ações de bens imobiliários americanos.

Conhecer o nível de correlação é importante porque nos permite saber se a carteira é muito arriscada (coeficiente próximo de 1; correlação positiva) ou não (coeficiente próximo de 0; correlação negativa). Além disso, o coeficiente de desempenho dá informações sobre o nível de controlo do risco e, portanto, a segurança relativa dos ativos. Este desempenho é calculado utilizando o rácio do economista William Sharpe de modo a que qualquer resultado negativo seja retirado da carteira.

A análise do desempenho pode incluir duas dimensões:

* uma dimensão gráfica

* uma dimensão matemática, expressa pelo valor da carteira e o valor dos ativos que a compõem.

No caso da nossa carteira, podemos ver que a diversificação adotada é boa, mas pode ser melhorada, em particular, escolhendo ativos menos correlacionados.

Conclusão

O CAPM permite uma análise simples dos movimentos do mercado e da exposição ao risco de determinados ativos. No entanto, sem as extensões do modelo, tem pouca - ou nenhuma - utilização e é ineficiente. O rácio Sharpe, por exemplo, é um instrumento importante para medir o desempenho dos ativos num ambiente complexo como o de hoje.

RESUMO

- O CAPM é um método matemático que permite calcular o retorno esperado de qualquer ativo financeiro.

- O modelo surgiu nos anos 50, numa altura em que os mercados financeiros se estavam a desenvolver e a normalizar, pois os investidores queriam mais informações e salvaguardas para assegurar a rentabilidade dos seus ativos financeiros.

- Teóricos:
  - em 1921, Frank Knight definiu os conceitos de incerteza e risco;
  - em 1950, o trabalho de Harry Markowitz marcou o início da moderna teoria da diversificação e das carteiras;
  - finalmente, a partir de 1964, economistas como William Sharpe, John Lintner, Jan Mossin e Fischer Black desenvolveram os modelos financeiros existentes, o que levou à criação do CAPM.

- Ao aplicar o modelo, é essencial:
  - determinar a fronteira eficiente das carteiras;
  - determinar a carteira ideal, diversificando a carteira de ativos para minimizar o risco sistemático, mantendo ao mesmo tempo um certo nível de rentabilidade.
  - medir o risco e a rentabilidade da carteira.

- O modelo só é útil se não houver informação em falta e não houver custos de transação. A carteira diversificada ótima é, portanto, a mesma para todos os investidores.

- As principais limitações deste modelo são a inaplicabilidade das suposições feitas e a instabilidade do valor beta.

- Três modelos são extensões do CAPM: o APT (teoria de preços de arbitragem), o modelo multi-fator e o modelo Fama-French three-factor.

LEITURA ADICIONAL

BIBLIOGRAFIA

Baudot, J. -Y. (Sem data) Le MÉDAF. *JYBaudot.fr*. [Online]. [Acedido em 26 de junho de 2014]. Disponível a partir de: <http://www.jybaudot.fr/Bourse/medaf.html>

Broquet, C., Cobbaut, R., Gillet, R. e van den Berg, A. (2004) *Gestion de portefeuille*. Bruxelas: De Boeck.

Damodaran, A. (2006) *Finance d'entreprise. Théorie et pratique*. Bruxelas: De Boeck.

Desquilbet, J. -B. (Sem data) Le MÉDAF. Modèle d'évaluation des actifs financiers. *Université d'Artois*. [Online]. [Acedido em 26 de junho de 2014]. Disponível a partir de: <http://jb.desquilbet.pagesperso-orange.fr/docs/A_M2thfi_2_MEDAF.pdf>

Gaga, O. e Tarib, A. (Sem data) Le Modèle d'Équilibre des Actifs Financiers. Cas d'ITISSALAT AL-MAGHRIB. *Scribd*. [Online]. [Acedido em 26 de junho de 2014]. Disponível a partir de: <http://fr.scribd.com/doc/24407264/Modele-d-equilibre-des-actifs-financiers-MEDAF-CAPM>

Limaiem, I. (2009) Les facteurs du modèle Fama et French: cas du marché des actions canadiennes. *Université du Québec à Montréal*. [Online]. [Acedido a 8 de junho de 2014]. Disponível a partir de: <http://www.archipel.uqam.ca/2202/1/M10858.pdf>

Moisson, J. -C. (Sem data) *Méthodes et principes de gestion de portefeuille benchmarkée*. [Online]. [Acedido em 26 de junho de 2014]. Disponível a partir de: <http://www.bm.com.tn/ckeditor/files/gestion_de_portefeuille_bench.pdf>

Ngoma, F. (2009) Évaluation des actifs financiers par le MÉDAF. Validation empirique de la relation risque-rendement par les modèles économétriques. *Mémoire Online*. [Online]. [Acedido em 26 de junho de 2014]. Disponível a partir de: <http://www.memoireonline.com/07/10/3749/Evaluation-des-actifs-financiers-par-le-MEDAF-validation-empirique-de-la-relation-risque--rendement-.html>

Statistics Canada (Sem data) *Variação e desvio padrão*. [Online]. [Acedido em 26 de junho de 2014]. Disponível a partir de: <http://www.statcan.gc.ca/edu/power-pouvoir/ch12/5214891-eng.htm>

FONTES ADICIONAIS

Voltar, K.E. (2010) *Asset Pricing and Portfolio Choice Theory (Pesquisa e Síntese da Associação de Gestão Financeira)*. Nova Iorque: Imprensa da Universidade de Oxford, EUA.

Capinski, M.J. e Kopp, E. (2014) *Portfolio Theory and Risk Management (Mastering Mathematical Finance)*. Cambridge: Imprensa da Universidade de Cambridge.

Cuthbertson, K. e Nitzsche, D. (2004) *Quantitative Financial Economics: Ações, Obrigações e Divisas*. [2ª edição]. West Sussex: John Wiley & Sons.

Levy, H. (2011) *The Capital Asset Pricing Model in the 21st Century: Perspectivas Analíticas, Empíricas, e Comportamentais*. Nova Iorque: Imprensa da Universidade de Cambridge.

Queremos ouvir de si!
Deixe um comentário sobre a sua biblioteca online
e partilhe os seus livros favoritos nas redes sociais!

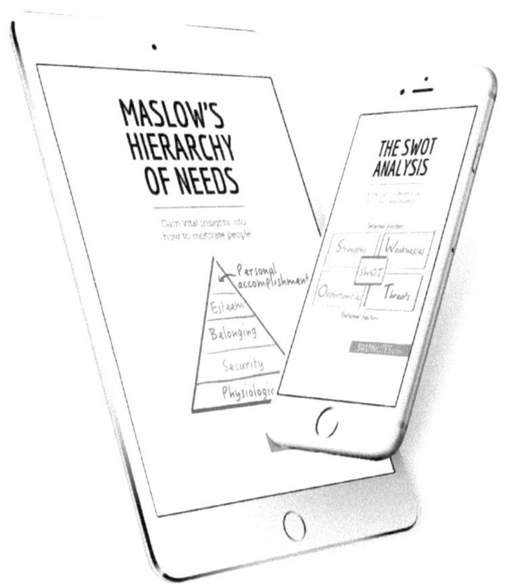

MASLOW'S HIERARCHY OF NEEDS
Gain vital insights into how to motivate people
Personal accomplishment
Esteem
Belonging
Security
Physiologic
THE SWOT ANALYSIS
Strengths
Weaknesses
SWOT
Opportunities
Threats
50MINUTES.com

A editora assegura a fiabilidade da informação publicada, a qual, no entanto, não poderia assumir a sua responsabilidade.

Mestre ISBN: 9782808065726
Papel ISBN: 9782808066013
Depósito legal: D/2022/12603/130

Desenho digital: Primento,
o parceiro digital dos editores.